AF088131

ai

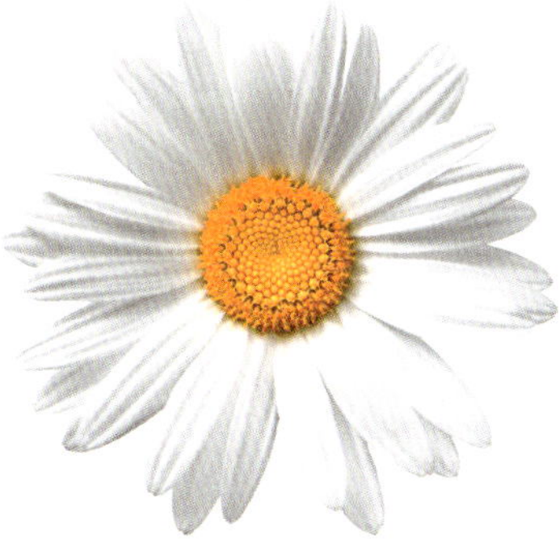

Ransom

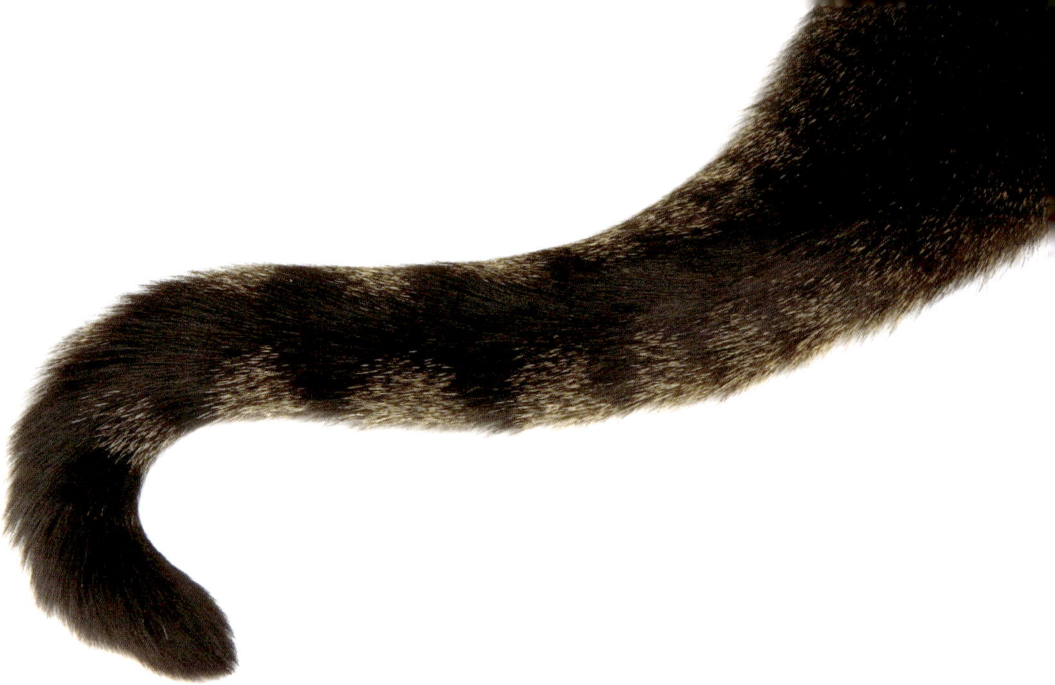

tail

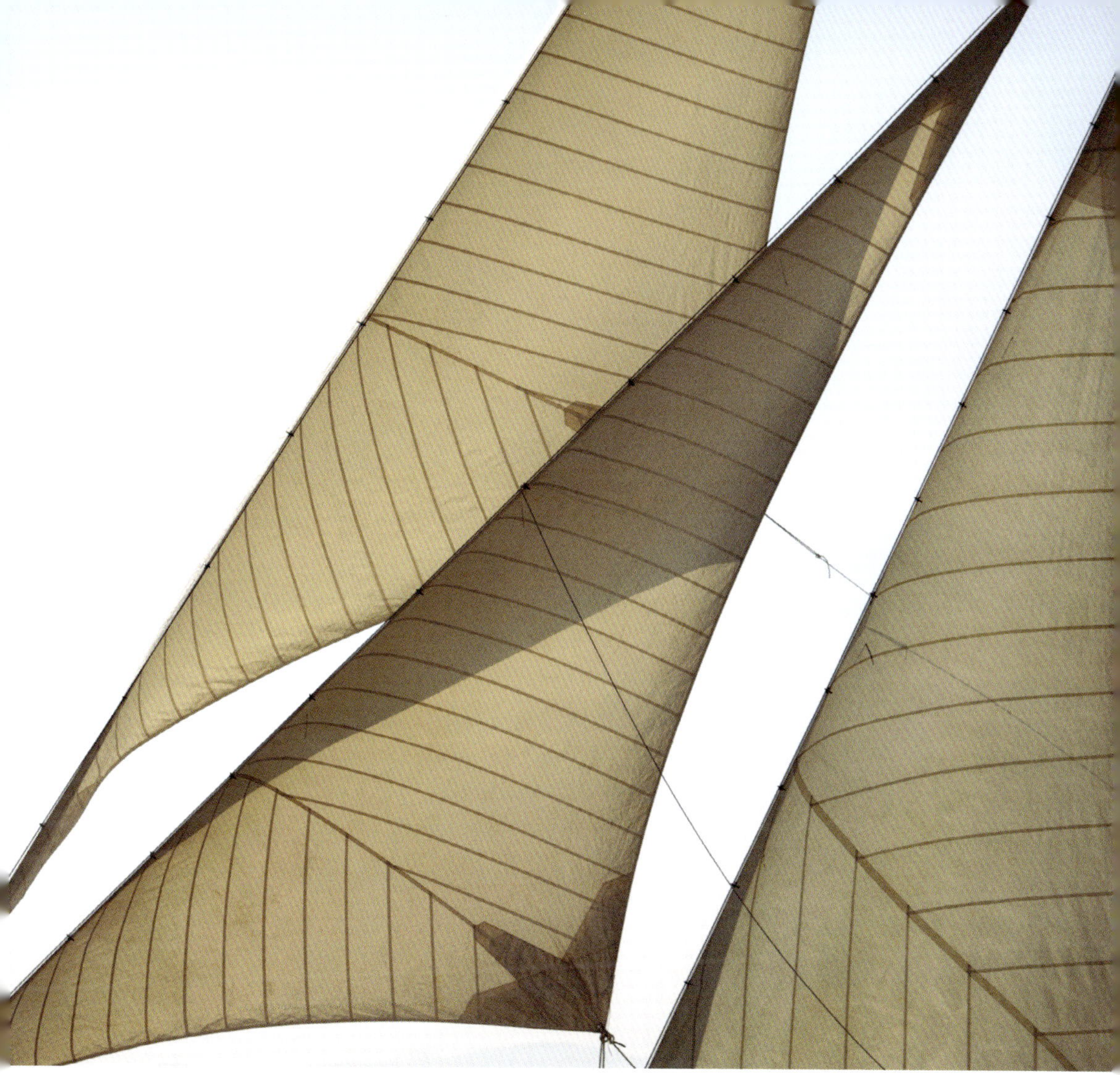

sail

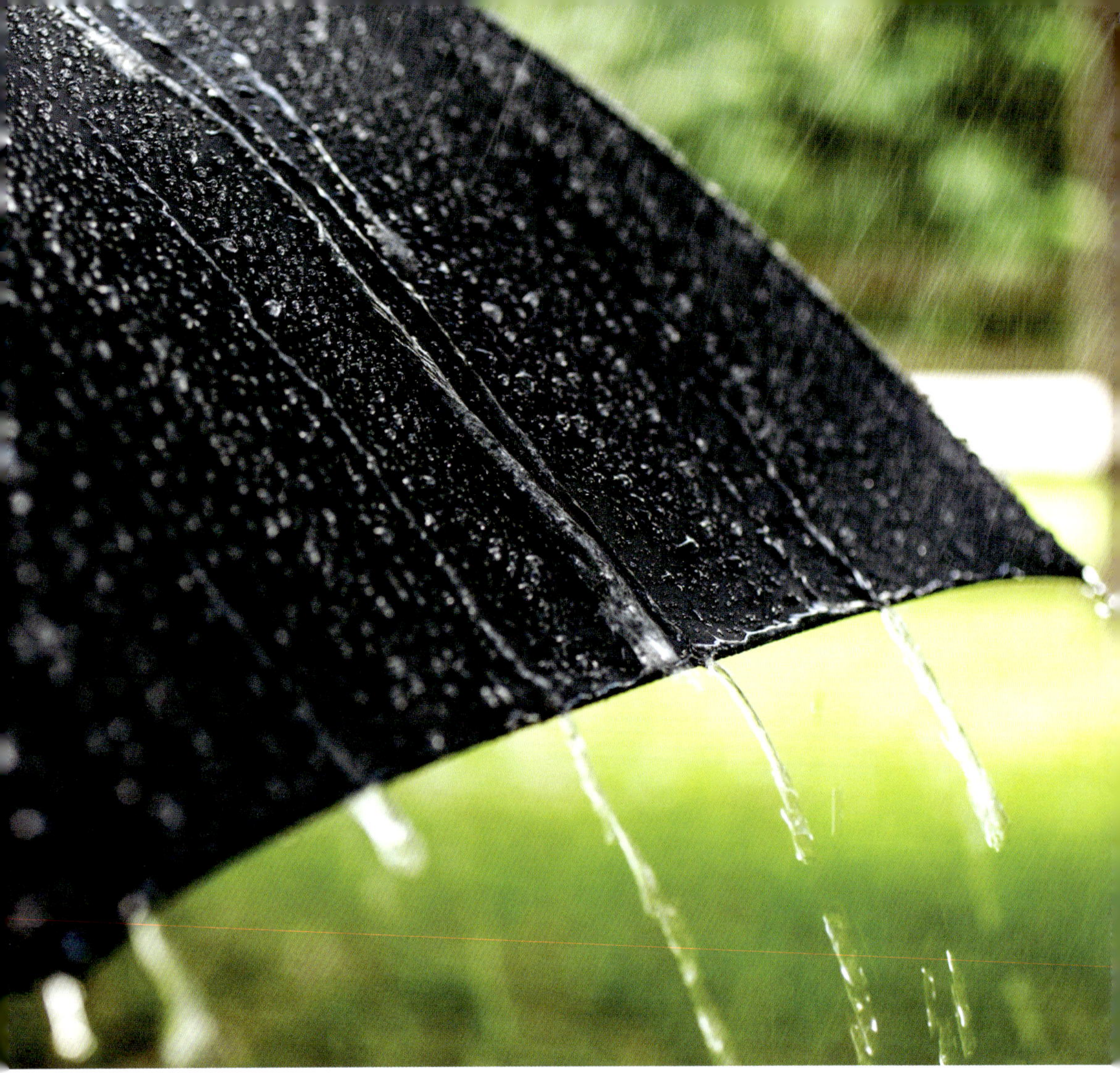

rain

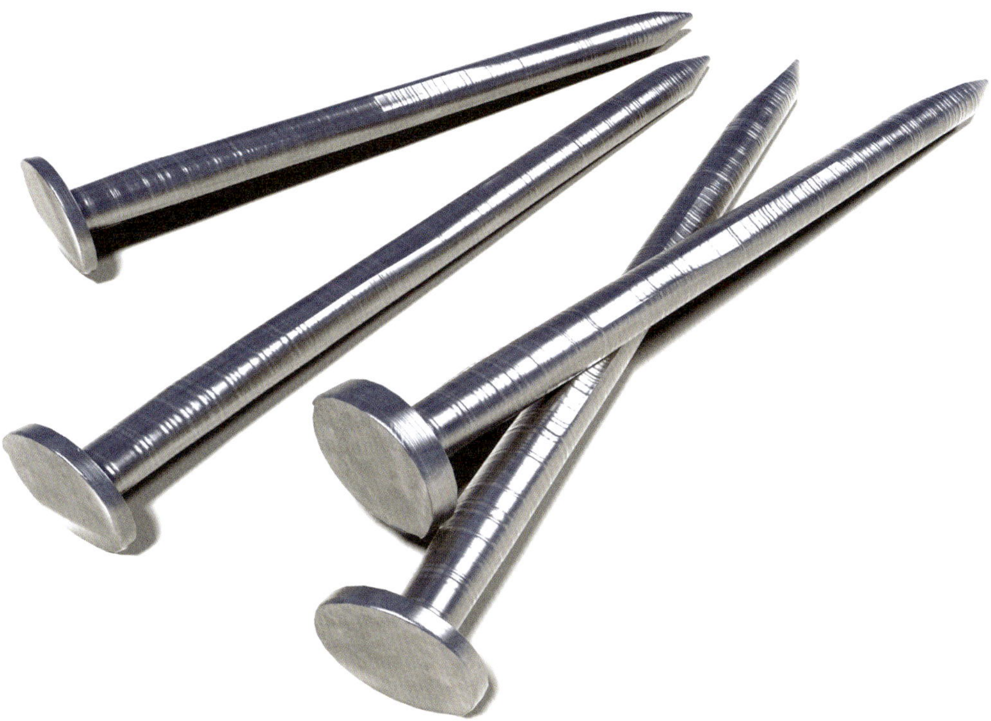

nails

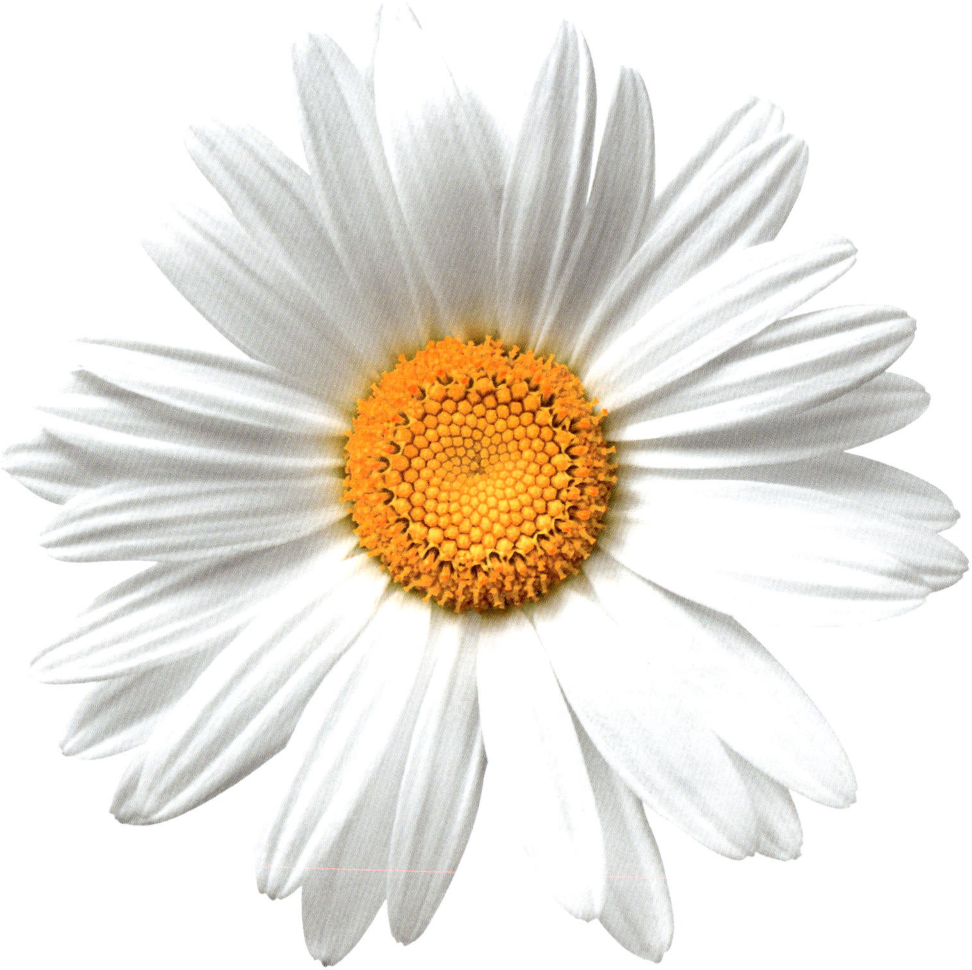

daisy

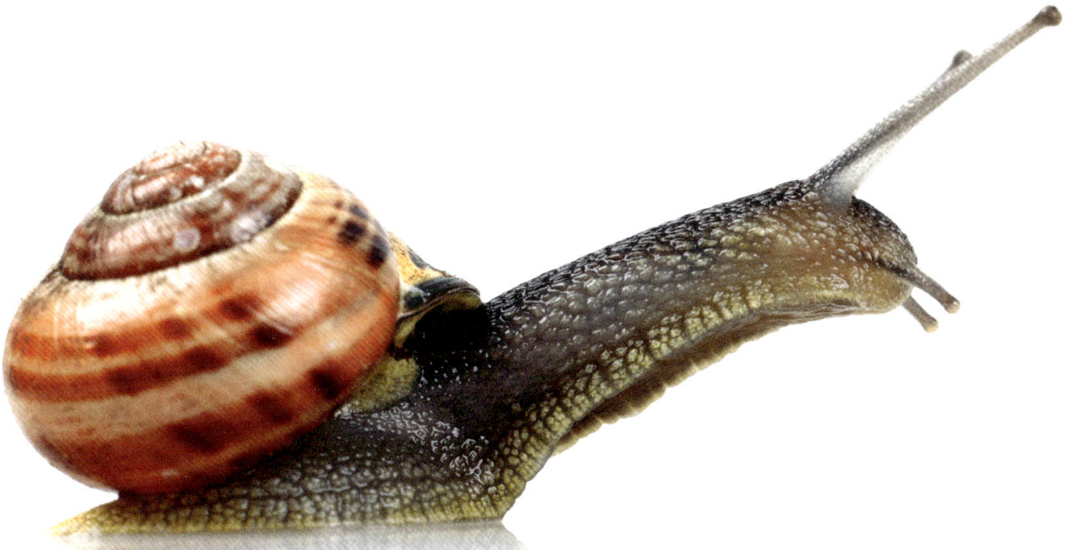

snail

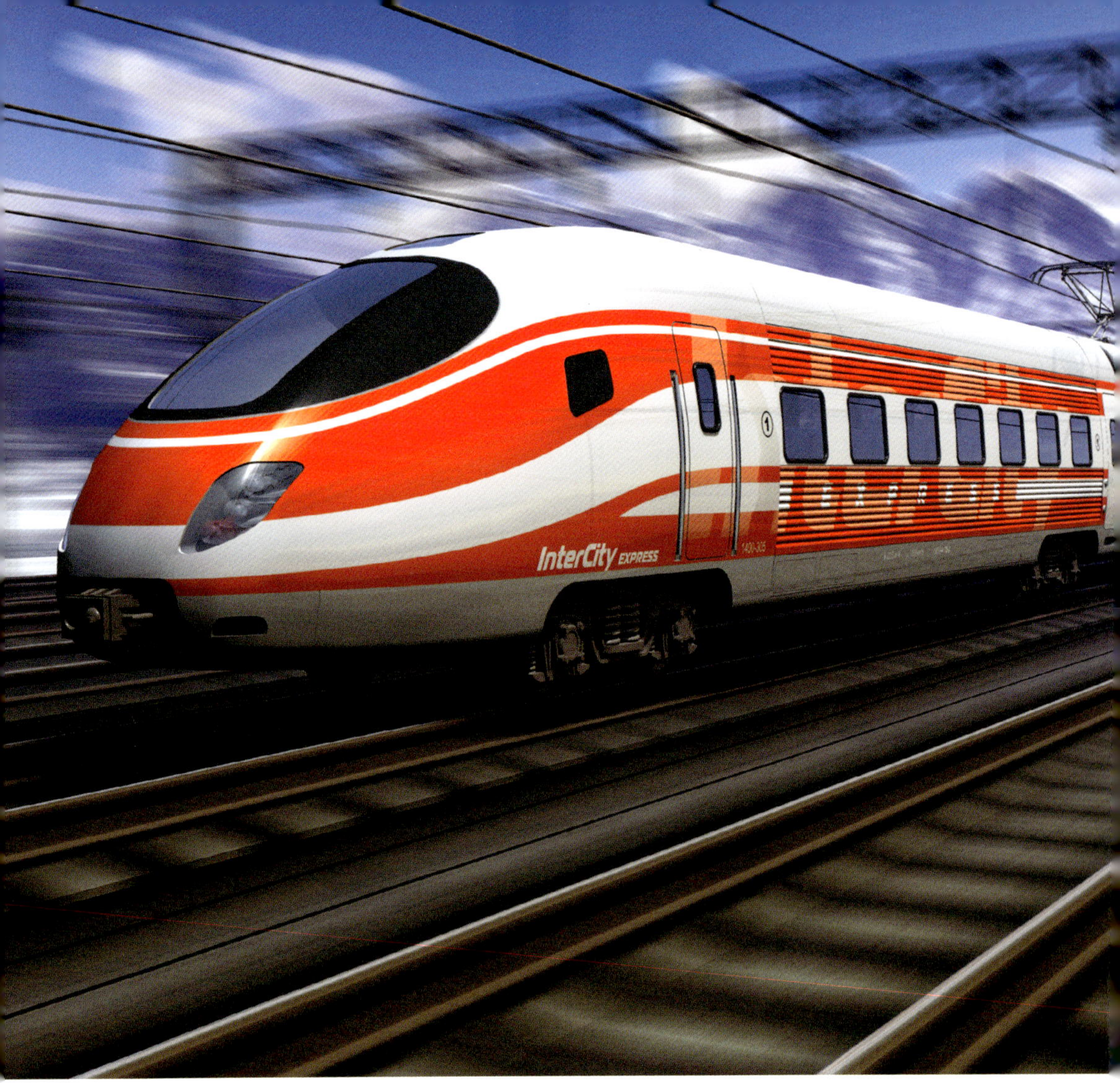

train

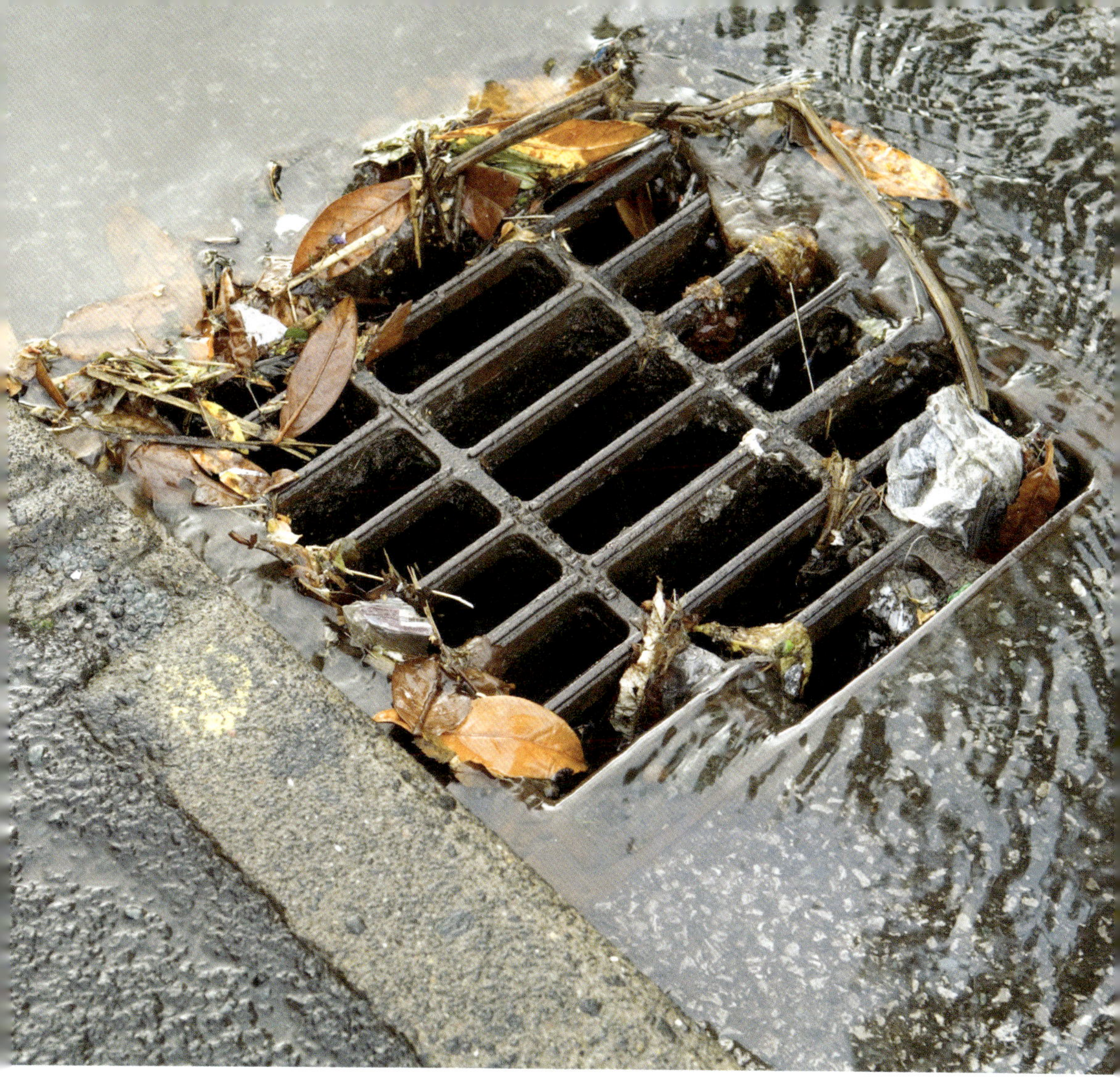

drain

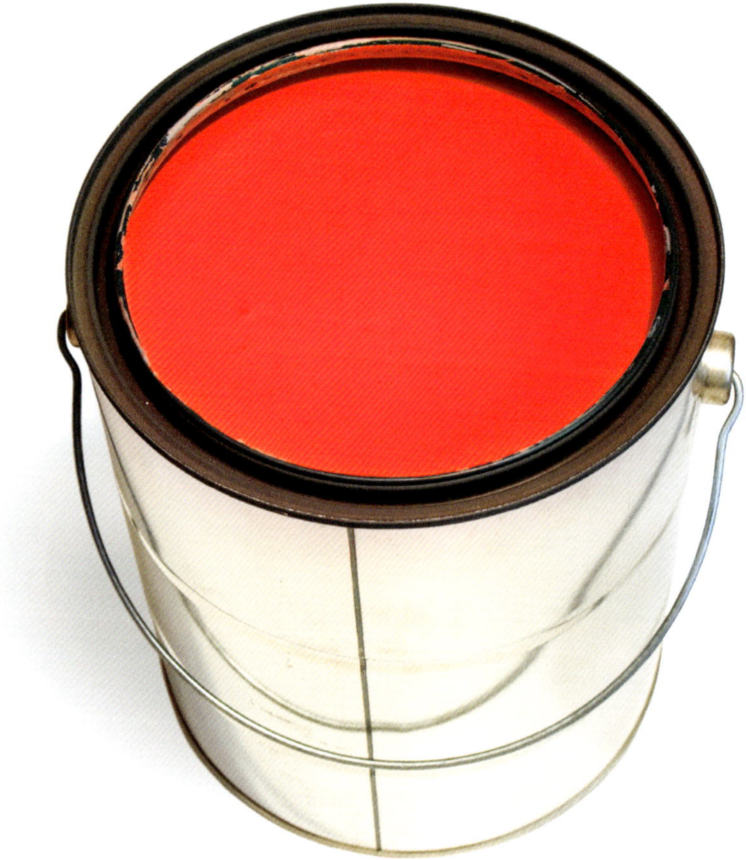

ai ai

ai ai

ai

tail

sail

rain

nails

daisy

snail

train

drain